Hartmut E. Höfele / Susanne Steffe

Herzlich willkommen!

Freundschafts- & Begrüßungslieder

Mit Illustrationen von Yvonne Hoppe-Engbring

HERDER
FREIBURG · BASEL · WIEN

Inhalt

Hör zu & mach mit!

Singen stärkt das Selbstbewusstsein und fördert die Sprachentwicklung von Kindern – das ist inzwischen längst kein Geheimnis mehr. Vor allem aber macht Singen Spaß!

Hör zu & mach mit! – das ist nicht nur ein Name, sondern eine Einladung: Die CD lädt zum Reinhören ein – schwungvolle Arrangements mit natürlichen Kinderstimmen machen Lust aufs Mitsingen. Und zum Mitmachen gibt's im liebevoll illustrierten Buch eine Fülle von Ideen zur bewegten Umsetzung der Lieder sowie Vorschläge für vertiefende Aktionen. Musikalisch versiertere Erwachsene finden hier alle Noten mit Gitarrengriffen und können selbst das Singen der Kinder begleiten.

Das Buch

klares Notenbild • die ersten drei Liedstrophen sind direkt unter dem Notensatz aufgeführt – zum leichteren Mitsingen • mit Gitarrenbegleitakkorden • alle Lieder in kindgerechter Tonlage • mit Vorschlägen zur Umsetzung der Lieder in fantasieanregenden Spiel- oder Bastelaktionen • mit einer spannenden Geschichte

Die CD

sorgfältige und abwechslungsreiche Arrangements • mit Kindern aufgenommen, die locker und ungekünstelt singen • alle Lieder mit Instrumentalversion zum Mitsingen • grenzenloses Hörvergnügen dank mitreißender Überleitungen zwischen den Liedern (die CD ist zum Durchhören als „Hörspiel“ geeignet)

Herzlich willkommen!

Diese schöne Begrüßungsformel ist in aller Munde – und das nicht nur aus aktuellem Anlass, sondern sie war und ist tagtäglich wichtig. Die Worte stehen am Anfang – eines Tages, einer Beziehung – und geben die Stimmung vor für das, was folgt: in jedem Fall ist das Herz dabei!

Wir haben für diesen Band 15 **„Freundschafts- und Begrüßungslieder“** zusammengestellt, die einstimmen und zum Einstimmen auffordern – Kinder und Erwachsene!

Kitas sind Orte der Begegnung, daher ist hier eine lebendige Begrüßungskultur besonders wichtig. Welche Begrüßungslieder sind geeignet? Wie können sie altersübergreifend zum Einsatz kommen? Gibt es Begrüßungslieder, die ganz selbstverständlich allen Kindern den Einstieg ermöglichen – ob sie die deutsche Sprache beherrschen oder nicht? In dieser durchdachten Sammlung finden Sie Lieder, die diesen Ansprüchen genügen: aus der Praxis für die Praxis.

Eröffnet wird der Liederreigen mit Guten-Morgen-Liedern, die allesamt dazu geeignet sind, Teil des Morgen-Rituals zu werden. Es sind eher beschauliche, langsame Lieder, die den Übergang erleichtern sollen – von der Nacht in den Tag, vom Zuhause in die Einrichtung.

Ein flott bewegtes Willkommen erfährt hingegen das Geburtstagskind, das in einem vielstrophigen Lied gewürdigt werden kann ... Um die Vertiefung des Willkommens geht es in den Freundschaftsliedern: Wie gehe ich mit Verschiedenheit um? Und was ist, wenn es Streit gibt? Wie kann Versöhnung aussehen und funktionieren? Frieden wäre schön – das finden nicht nur die Kinder, sondern auch die Erwachsenen singen das Friedenslied gern.

Wir wünschen Kindern und Erwachsenen ganz viel Sing-Spiel-Spaß!

Guten Morgen, ihr Kinder!

Musik: Hartmut E. Höfele / Günter Geisinger
Text: Sybille Günther

2 31

Rituale zur Begrüßung sind für Kinder ganz wichtig. Sind die Jungs und Mädchen alle da, versammeln sie sich im Morgenkreis. Und los geht's mit unserem fröhlichen Guten-Morgen-Lied. Ein echter Muntermacher, bei dem jedes Kind mit Namen begrüßt wird. So fühlen sich alle willkommen in der Gruppe und sind danach bereit für den neuen Kindergartentag. Das Lied eignet sich aber auch für alle anderen morgendlichen Zusammenkünfte von Kindergruppen.

So geht's: Statt „Johanna" in die entsprechenden Liedzeilen den Namen des Kindes einsetzen, das gerade begrüßt wird. Und dann heißt es: singen, singen, singen – und klatschen, bis alle Kinder und auch die Erwachsenen (!) mit Namen genannt sind.

Das folgende Begrüßungsspielchen, fördert die Aufmerksamkeit und stärkt das Gefühl der Zugehörigkeit zur Gruppe. Statt „Johanna" wie in unserer Anleitung wird der Name des jeweilig aufgerufenen Kindes eingesetzt.

Johanna, bist du da?

Alter: ab 3 Jahren

So geht's: Die Kinder stellen sich in einen Kreis. Alle skandieren rhythmisch: *„Johanna, bist du da?"* Dazu klatschen sie den Takt. Ist Johanna tatsächlich da, antwortet sie: *„Ja, ja, ja, ich bin da!"* Falls Johanna aber fehlt, antwortet die ganze Gruppe: *„Nein, nein, nein, Johanna ist nicht da!"*
Das Spielchen wird so lange wiederholt, bis jedes Kind der Gruppe benannt worden ist.

Wir wollen uns begrüßen – mit Händen und mit Füßen

Musik: Dorle Ferber
Text: Susanne Steffe

4 32

Dieses Begrüßungs- und Bewegungslied funktioniert nach dem Echo- bzw. Call-and-response-Prinzip. Dabei wird eine Zeile vorgesungen, und der Chor antwortet in der gleichen Art und Weise. Kinder lieben diese Form der Liedgestaltung, schon jüngere Kinder sind mit viel Spaß dabei. Das Lied eignet sich für ein morgendliches Begrüßungsritual, das den Kindern in der tagtäglichen Wiederholung Sicherheit und Geborgenheit vermittelt.

So geht's: Die Kinder versammeln sich im Kreis. Die Vorsängerin geht in die Kreismitte, singt jeweils vor und macht auch die Bewegungen vor wie im Liedtext angegeben. Die Kinder „antworten" dann mit ihrem Gesang.
Wenn alle das Lied gut beherrschen, kann eins der Kinder die Rolle der Vorsängerin übernehmen. Möglich ist auch, zwei verschieden oder gleich große Vorsing- und Antwortgruppen zu bilden.

Hallo, guten Morgen – winke, winke, wink!

Melodie: volkstümlich, Bearbeitung: Dorle Ferber
Text: Susanne Steffe

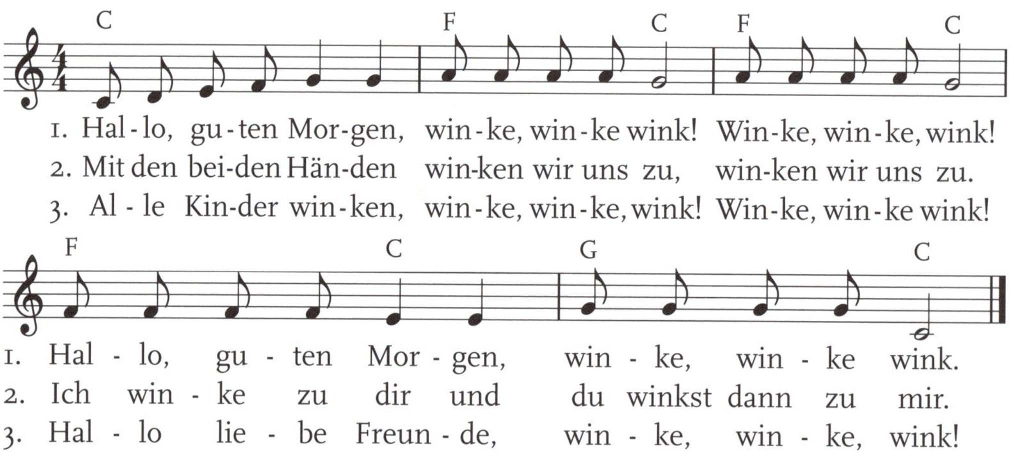

Den Sechs-Töne-Superhit „Alle meine Entchen“ kennt fast jedes Kind, und wer ihn noch nicht kennt, der kann ihn ganz leicht lernen. Mit neuem Text versehen eignet sich das Wink-Liedchen insbesondere für den Morgenkreis bzw. das morgendliche Ritual mit den Allerjüngsten. Auch musikferne Erwachsene können das Lied ganz leicht umsetzen und werden entdecken, mit wie viel Freude die Kinder auf diesen musikalischen Willkommensgruß reagieren – und begeistert mitmachen.

So geht’s: Bei den Allerkleinsten begrüßt die Erzieherin mit diesem Lied die Kinder und fordert zum Mitmachen auf. Alle, die mitsingen können, singen – oder summen – mit und führen die im Text vorgegebenen Winkbewegungen durch.

Winke-winke-Spiel

Wir winken uns zu, um uns zu begrüßen, aber auch, um Aufmerksamkeit zu erregen – und zwar ganz ohne Worte: ohne rufen, sprechen oder schreien. Wie das funktioniert, können Kinder ab drei Jahren in diesem Spiel erproben: Es fördert die Aufmerksamkeit, den Blick auf die anderen. Das spaßige Winkspiel ist für größere Gruppen mit einer ungeraden Zahl von Mitspielern geeignet.

Alter: ab 3 Jahren

Material: Stühle, und zwar immer einer mehr als die Hälfte der Spieleranzahl, z. B. 11 Stühle bei 21 Kindern.

So geht's: Die Stühle im Kreis aufstellen. Eine Hälfte der Spieler setzt sich, die anderen Mitspieler stellen sich hinter die Stühle. Da die Zahl der Mitspieler ungerade ist, bleibt ein Stuhl frei.
Das Kind, das hinter dem freien Stuhl steht, winkt nun einem der sitzenden Kinder zu. Wer herangewunken wurde, muss sich schnell auf den freien Platz setzen.

Alle Kinder sind schon da

Melodie: volkstümlich, Bearbeitung: Dorle Ferber
Text: Susanne Steffe

Mit dem Text „Alle Vögel sind schon da" ist diese Melodie bekannt und verbreitet. Heinrich Hoffmann von Fallersleben (1798–1874) hat ihn gedichtet. Die Melodie aber ist viel älter, und weil sie so eingängig ist, haben wir sie für die Bedürfnisse heute umgedichtet. Leicht zu singen, populär – und das Bild von den Kindern als „Vögel" bietet nach der morgendlichen Begrüßung viele Anknüpfungspunkte für aktive Umsetzungsformen.

„Lustig wie die Vögelein" heißt es im Lied. Wie begrüßen sich Vögel eigentlich morgens?

Vogelstimmenkonzert

Alter: ab 4 Jahren

So geht's: Die Spielleitung fragt: Wer hat schon einmal am frühen Morgen Vogelstimmen gehört? Wer kann nachmachen, was man da hört? Piep? Oder Tirilii? Oder etwas anderes? Wie begrüßen sich denn wohl Uhus? Huhu. Oder Spechte? Tock, tock, tock. Und wie die Elstern oder die Tauben? Oder der Gockelhahn?

Und wenn jeder seinen liebsten Vogelstimmenton gefunden hat, dann kann das morgendliche Vogelstimmenkonzert beginnen. Laut und schräg!

Hänschen piep einmal

Alter: ab 4 Jahren

Material: Augenbinde

„Hänschen, piep mal!“ ist ein sehr bekanntes und beliebtes Kindergeburtstagsspiel. Es passt aber auch genauso gut in den Kita-Alltag und stärkt Aufmerksamkeit und Konzentration nach einem ausgelassenen Vogelstimmenkonzert.

So geht's: Die Kinder sitzen im Stuhlkreis. Ein Kind stellt sich in die Kreismitte. Ihm werden die Augen verbunden, und die Spielleitung dreht es ein paar Mal um die eigene Achse.
Währenddessen dürfen die anderen Kinder noch die Plätze tauschen.
Nun tastet sich der „blinde“ Spieler vorsichtig zu einem der Kinder im Kreis, setzt sich auf seinen Schoß und fordert es auf: *„Hänschen, piep einmal!“*
Das angesprochene „Hänschen“ verstellt seine Stimme und antwortet: *„Piep“*
Drei Mal darf so geraten werden. Errät das Kind nicht, wer Hänschen ist, muss es zu einem anderen Kind gehen und es dort versuchen.
Wird „Hänschens“ richtiger Name erraten, geht dieses Kind in die Kreismitte, bekommt die Augen verbunden und darf als nächstes das „Hänschen“ piepen lassen.

Wer piept denn da?

Ein witziges Kennenlernspiel für Kita oder Kindergarten und in der Anfangsklasse der Grundschule.

Alter: ab 5 Jahren

Material: Decke

So geht's: Ein Kind wird kurz vor die Tür geschickt. In der Zwischenzeit schlüpft ein anderes Kind unter die Decke und kauert sich auf den Boden. Nun wird das Ratekind hereingebeten, fordert das „Hänschen" unter der Decke auf, drei Mal zu piepen und muss nun erraten, wer sich unter der Decke befindet.

Salibonani

Melodie: traditionell aus Simbabwe, Bearbeitung: Dorle Ferber
Dt. Text: Susanne Steffe, Hartmut E. Höfele

Das Wort „Salibonani“ stammt aus der Sprache der Shona, einem Volksstamm aus Simbabwe im südlichen Afrika, und bedeutet „Guten Morgen“.
Ein ideales Lied für den Morgenkreis: zum Mitsingen, Mitklatschen und Mittrommeln.

Aufgehende Sonne – Bewegungs-Klatschspiel

In Simbabwe gibt es einige Besonderheiten im Umgang miteinander. Zum Beispiel ist es üblich, zum Dank zweimal kurz in die Hände zu klatschen. Männer klatschen „klassisch" mit den Fingern in die Handfläche. Frauen klatschen meistens mit den Handgelenken. Zur Liedbegleitung mit Bodypercussion patschen die Kinder mit den Händen wie es ihnen gefällt.

Alter: ab 3 Jahren

So geht's: Die Kinder stehen im Kreis. Zuerst wird der Text langsam gesprochen. Danach singen alle zur Musik mit und führen dazu das Klatschspiel auf:

- Die Kinder bewegen sich im sanften Wiegeschritt und klatschen dazu abwechselnd nach rechts und links.
- Mit Beginn der zweiten Liedzeile öffnen sie die Arme in einer großen Geste und bewegen sie wie eine aufgehende Sonne von unten nach oben.
- Danach klatschen sie wieder abwechselnd nach rechts und links und singen das Lied einfach mit.

Im Kreis wollen wir gehen – Kinderreigen

Musik: Hartmut E. Höfele / Helmut Geisinger
Text: Hartmut E. Höfele

12 36

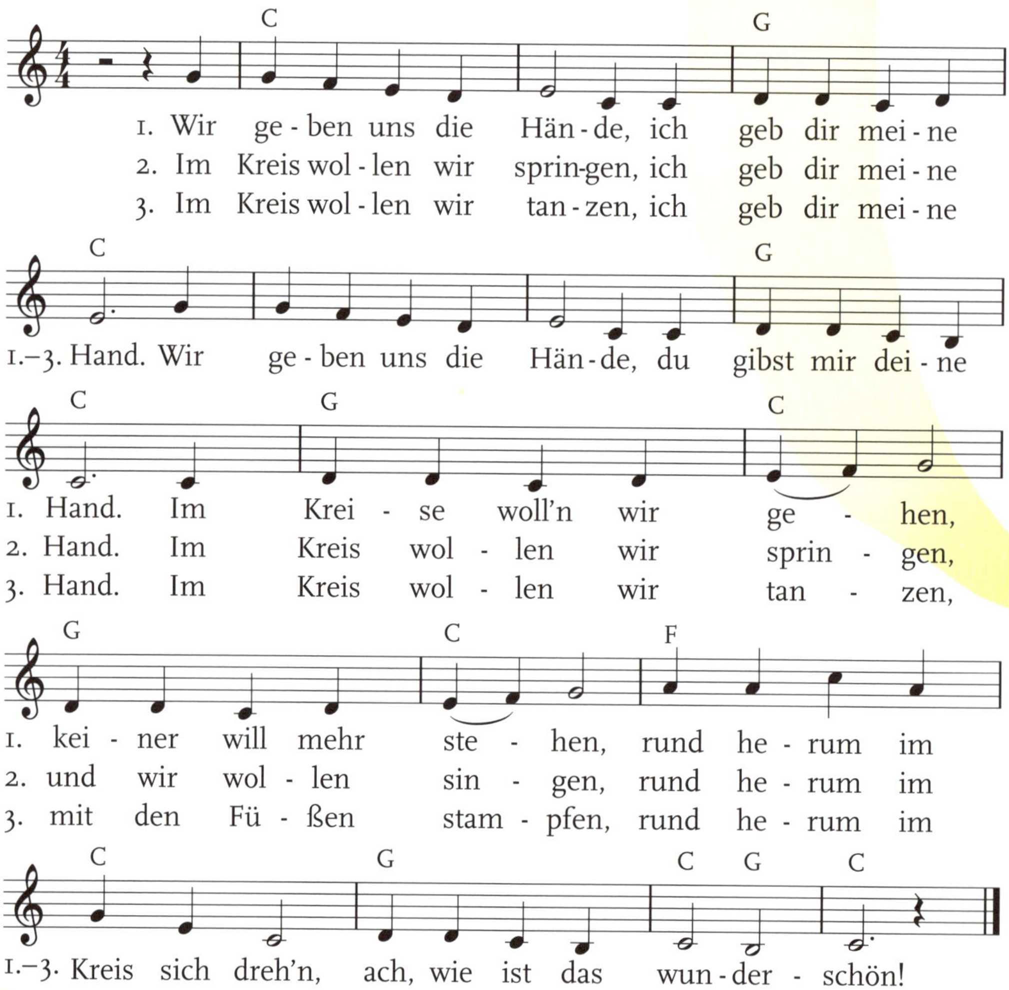

Einladung zum Tanz

Bei diesem Reigen tanzen alle gerne mit. Zum Beispiel so:

- Erst rechts im Kreis herum,
- dann links im Kreis herum,
- um sich selber drehen,
- zur Kreismitte laufen,
- zurück in den Außenkreis laufen,
- sich zur Spirale eindrehen und wieder ausdrehen usw.

Tipp: Und dann in weiteren Durchgängen mal die Gangarten verändern: Im Kreis wollen wir hopsen, krabbeln, schleichen ...
Oder vielleicht wie Elefanten im Wiegeschritt stampfen? Wie Bären tapsen? Wie lustige Pferdchen traben? Wie Entchen watscheln? Warum nicht mal wie die Flöhe hüpfen?

„Dänz in Ringsweis, wenn man dazu singt" – so wird in einem Lexikon aus dem 16. Jahrhundert kurz und knapp der Reigen definiert.
Reigen sind Kreistänze, und es gab und gibt sie zu allen Zeiten und in allen Kulturen. Ob einfach mal „zwischendurch" eingesetzt oder als Ritual: Kreistänze machen Kindern Spaß, fördern die Gruppenatmosphäre und vermitteln Geborgenheit. Sie sind für alle Altersstufen geeignet, jeder macht mit, wie er kann. Die Allerkleinsten werden auf dem Arm der Erzieherin mitbewegt, Lauflernkinder „tanzen" auf den Füßen des Erwachsenen, ältere Kinder bewegen sich selbstständig, und nach und nach singen alle mit.

Die Maria hat heute Geburtstag

Melodie und Text: volkstümlich
Musikalische Bearbeitung: Dorle Ferber

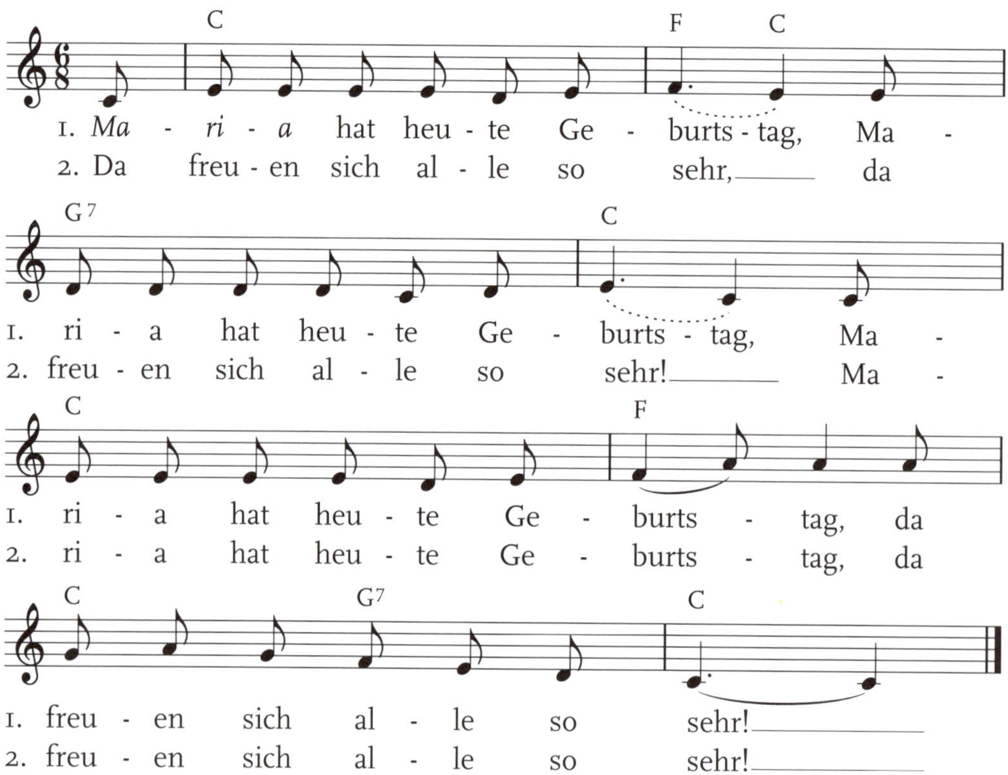

Dieses schöne Geburtstagslied nach einer sehr bekannten Melodie (For he's a jolly good fellow) ist auch für jüngere Kinder ganz leicht zu singen. Vielleicht darf das jeweilige Geburtstagskind an diesem besonderen Tag auf einem Hocker in der Kreismitte Platz nehmen, um sich dann so richtig feiern zu lassen.

Geburtstagskerze

Alter: ab 3 Jahren

So geht's: Die Kinder stellen sich im Kreis auf und singen. Wenn das Lied zu Ende ist, strecken sie alle einen Daumen in die Luft und tun dann so, als wäre dieser eine Geburtstagskerze. Auf ein Zeichen der Spielleitung pusten alle zusammen sehr geräuschvoll „ihre Kerze" aus.

Das Ausblasen der Kerzen gehört zum Ritual eines Kindergeburtstages und ist eigentlich allein dem Geburtstagskind vorbehalten. Einen imaginären Kerzenkranz kann die Gruppe vorab für das Geburtstagskind entzünden …

Anschließend gibt es noch ein ganz besonderes Geschenk für das Geburtstagskind: ein klingendes Geschenk! Na ja, eigentlich ist es ein Krachmachgeschenk. Aber die Kinder schenken es immer aus vollem Herzen und mit ganz viel Begeisterung.

Der klingende Geburtstagsbeutel

Alter: ab 3 Jahren

Material: 1 großer Stoffbeutel, viele kleine Instrumente und /oder Klangerzeuger, z. B. Rasseln aller Art, Schellen, kleine Tamburine, Kazoos, Klanghölzer usw.

So geht's: Die Kinder stehen im Kreis. Die Spielleitung verteilt den Inhalt des Beutels auf dem Boden in der Kreismitte. Jedes Kind sucht einen Klangerzeuger aus und stellt sich wieder an seinen Platz. Das Geburtstagskind darf in die Kreismitte. Alle rufen:

„Zum Geburtstag viel Glück!
Zum Geburtstag viel Glück!
Wir feiern heute 1-2-3
und alle machen mit!“

Dann wird ein paar Minuten nach Herzenslust gerasselt, getrommelt, getrötet, bis die Spielleitung ein Stopp-Zeichen gibt. Wenn es still ist, geht die Spielleitung mit dem Beutel im Kreis herum und sammelt die „Instrumente“ wieder ein.

Die Geburtstagsrakete

Mit diesem vergnüglichen Spiel werden alle Kinder gut in Bewegung gebracht. Und rückwärts zählen lernen sie auch. Achtung, Achtung! Gleich startet eine ganz besonders fröhliche Geburtstagsrakete – der Countdown läuft schon …

Alter: ab 3 Jahren

Die Kinder bilden einen Spielkreis oder eine Reihe.
Alle spielen „Raketen kurz vor dem Start".
Das Geburtstagskind ist die Chef-Rakete.
Es stellt sich in die Kreismitte oder vor die Reihe, sodass die anderen sehen können, was es macht.
Dann gibt es die Kommandos: Es beginnt mit der Zahl, die seinem Alter entspricht. Wird es beispielsweise fünf Jahre alt, sagt es zuerst „5" und macht dazu eine Bewegung, die alle anderen nachmachen.

Hier unsere Vorschläge:

5: Alle Kinder klatschen in die Hände
4: Alle Kinder trampeln mit den Füßen auf der Stelle und klatschen
3: Alle Kinder trampeln mit den Füßen und patschen auf die eigenen Oberschenkel
2: Alle Kinder klatschen in die Hände und hopsen auf der Stelle
1: Alle Kinder hopsen auf der Stelle und rufen laut: Huiiiiiiii
0: Alle Kinder hopsen in die Luft und strecken dabei die Arme ganz weit nach oben

Tipp: Vielleicht ist die Muttersprache des Geburtstagskindes nicht Deutsch? Dann kann es natürlich in seiner Sprache zählen. Oder alle zählen auf Englisch, wie beim „echten" Countdown für einen Raketenstart!

Zhao peng you –
Lass uns Freundschaft schließen

Melodie: volkstümlich aus China, Bearbeitung: Dorle Ferber
Dt. Text: Hartmut E. Höfele

In China kennt dieses Lied jedes Kind. Es ist so populär wie bei uns „Alle meine Entchen" – und ebenso einfach zu singen. Das schöne Freundschaftslied in der Originalsprache zu singen ist allerdings für uns „Westler" nicht ganz so einfach, daher haben wir eine lockere Übersetzung erstellt …

Unser Freundschaftsbaum

Eine sehr schöne gemeinschaftliche Aktion auch schon für die Kleineren. Der gut sichtbar angebrachte Freundschaftsbaum symbolisiert durch den persönlichen und unverwechselbaren Fingerabdruck die freundschaftliche Zusammengehörigkeit jedes einzelnen Mitgliedes der Gruppe.

Alter: ab 3 Jahren

Material: großes weißes Zeichenblatt, Pinsel, Wasserfarben, Wasser, Wischtücher (Küchenrolle)

So geht's: Zuerst wird ein großer Baum auf das Blatt gemalt. Nur der Stamm und viele große und kleine Äste. Eventuell bereitet die Spielleitung den Baum auch vor.
Jedes Kind darf nun seinen Daumen mit einer Wunschfarbe einfärben und dann mittels Daumenabdruck ein Blatt an den Baum stempeln. Das wird so lange reihum gemacht, bis der Freundschaftsbaum voller farbiger Blätter ist.

Freunde finden

Ob in China oder bei uns – Freundschaft ist überall und für alle Menschen wichtig. Und echte Freunde finden auch immer wieder zusammen …

Alter: ab 4 Jahren

Material: Augenbinde

So geht's: Ein Kind bekommt die Augen verbunden. Ein zweites Kind führt, damit nichts passiert.
Die anderen Kinder verteilen sich im Raum. Ein Kind aus der Gruppe ruft nun den Namen des Kindes, das die Augen verbunden hat. Dieses versucht, die Freundin zu finden.

Mutter, darf ich?

Freundschaft hat immer auch etwas mit Höflichkeit, mit Respekt vor den Wünschen und Bedürfnissen anderer sowie mit der Einhaltung gewisser Regeln zu tun. Mit dem folgenden Spiel lässt sich das sehr gut üben.

Alter: ab 5 Jahren

So geht's: Die Spielleitung übernimmt in der ersten Runde die Rolle der Mutter als Respektsperson.
Die Kinder stellen sich zehn Schritte entfernt in einer Reihe nebeneinander auf.
Nun gibt die Spielleitung dem ersten Kind ein Kommando, z. B: *„Lisa, mach einen Hopser vorwärts."*
Wenn Lisa dann korrekt antwortet: *„Mutter, darf ich?"*, antwortet die Spielleitung entweder: *„Ja, du darfst"* oder *„Nein du darfst nicht."*
Lautet die Antwort *„Ja"*, muss Lisa *„Danke"* sagen, bevor sie den Hopser macht. Wer das vergisst oder sich ohne Erlaubnis vorwärts bewegt, muss zurück an die Startlinie.
Gespielt wird, bis alle Kinder bei der „Mutter" angekommen sind.
Danach dürfen die Kinder auch alle mal die Rolle der „Mutter" übernehmen.

Freunde sind was Tolles

Musik: Dorle Ferber
Text: Susanne Steffe

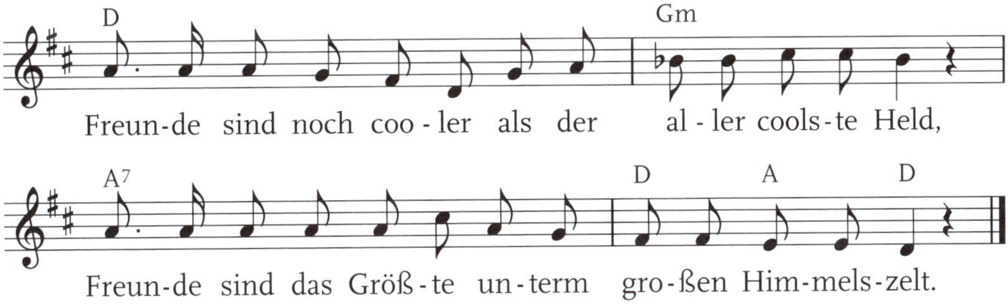

Ein Loblied auf die wahre Freundschaft. Keiner kann sie kaufen – sie ist ein Geschenk. Kinderfreundschaften bilden entscheidende Rahmenbedingungen zum Entwickeln von sozialen und kognitiven Fähigkeiten. Diese werden im Austausch mit Gleichaltrigen besonders stark gefördert.

Blühende Freundschaft

Eine Freundschaftsblume ist einfach zu basteln und ein schönes Zeichen der Verbindung.

Alter: ab 4 Jahren

Material: weißes Papier, Wasserfarben, Pinsel, Wischtücher

So geht's: Je zwei Freundinnen gestalten ihre Blumen gemeinsam.
Die eine pinselt die linke Hand mit einer Wunschfarbe ein, spreizt den Daumen ab und drückt die Hand auf das Papier. Die andere pinselt in einer dazu passenden Farbe die rechte Hand ein, spreizt den Daumen ab und drückt die Hand so auf das Papier, dass die Daumenspitze die bereits gedruckte berührt. Trocknen lassen und dann noch einen Stängel und Blätter an die Freundschaftsblumen malen.

Ich halt immer zu dir

Musik: Dorle Ferber
Text: Susanne Steffe

Miteinander kooperieren, aufeinander Rücksicht nehmen und auch in Ausnahmesituationen zueinander halten: Ein Lernziel, das Erzieherinnen und Eltern viel Einfühlungsvermögen abverlangt. Dies Lied über den Zusammenhalt zwischen wirklich guten Freunden gibt fantasievolle Anregungen, wie Freundschaft eigentlich „ist" – und regt die Kinder zum Nachdenken und Nachdichten ein.

Spielanregung: Einen kleinen Wackelparcours aufbauen, der nur zu überwinden ist, wenn der Freund/die Freundin einem dabei hilft. Denn auf Freunde kann man sich verlassen, und ihnen kann man vertrauen.

Manuel und der Feuerdrache

Text: Susanne Steffe

Der kleine Feuerdrache Nepomuk lebte seit Urzeiten ganz allein im Krater eines mächtigen Vulkans. Er schlief ein paar hundert Jahre, wachte auf, planschte in der glühenden Lava herum, blies ab und zu ein bisschen Asche zum Himmel und übte Feuerspucken.

Eines Tages saß er am Rande des Kraters und beobachtete das kleine Dorf, das sich an den Fuß des Vulkans schmiegte. Er sah die Menschen, die geschäftig hin und her eilten, und auf einmal fühlte er sich sehr, sehr einsam. „Ach“, seufzte er, „wenn ich doch nur einen Freund hätte – einen einzigen wenigstens.“ Eine dicke Träne rollte über seine Backe, fiel ins Tal hinunter und landete genau vor dem kleinen Manuel.

Manuel hob das seltsame Ding auf, brachte es nach Hause und zeigte es seiner Urgroßmutter. „Sieh mal, was ich gefunden habe“, sagte er. „Oh“, staunte die Urgroßmutter, „eine Drachenträne“. Sie blickte durch das Fenster zum Vulkan hinauf. Kleine Rauchwolken stiegen von dort aus zum Himmel, und plötzlich schoss eine wütende Flamme aus dem Krater. „Es heißt, dass im Vulkan ein Feuerdrache wohnt“, erklärte sie Manuel. „Meistens schläft er, aber jetzt ist er wach, und mir scheint, er ist traurig.“ „Oh, der Arme!“, jammerte Manuel mitleidig und rannte schnell davon, um den Feuerdrachen zu finden, denn er wollte ihn trösten.
Ein paar Stunden später kroch er vorsichtig in der Nähe des Kraters herum und rief leise: „Feuerdrache, wo bist du? Bist du hier irgendwo?“ Nichts rührte sich. Alles blieb still. Manuel rief noch ein paarmal, dann murmelte er ärgerlich: „Ach, bestimmt ist das wieder nur ein Märchen. Urgroßmutter hat mich an der Nase herumgeführt, und es gibt gar keinen Feuerdrachen.“
Plötzlich zischte es hinter ihm, und eine Stimme fauchte empört: „Höllenschlund und Ascheregen! Du hast wohl glühende Kohlen auf den Augen, Menschenkind! Hier! Hier bin ich.“ Manuel drehte sich langsam um. Da stand der kleine Drache Nepomuk und verbeugte sich höflich. „Gestatten, Nepomuk mein Name. Und wer bist du?“
„Ich – ich heiße Manuel“, stotterte der Junge.
„Willst du mein Freund sein, Manuel?“, fragte Nepomuk ganz eifrig. „Ich bin ja sooo schrecklich traurig, weil ich noch nie einen Freund hatte.“
„Na klar“, antwortete Manuel. „Deswegen bin ich doch hergekommen.“
Nepomuk schnaubte zufrieden, und aus seinen Nasenlöchern zischte heißer Dampf. Manuel sprang schnell zur Seite: „He, lass das! Du verbrennst mich.“

„Oh, Verzeihung“, entschuldigte sich Nepomuk. „Soll ich dir mal zeigen, wie gut ich Feuer spucken kann?“ Nepomuk holte tief Luft und schleuderte aus seinem Rachen eine riesige Flamme gen Himmel.
Manuel wurde ganz blass vor Schreck. Nepomuk aber freute sich so sehr über seinen neuen Freund, dass er vor Begeisterung in eine große Lavapfütze sprang. Schnell versteckte sich Manuel hinter einem Stein. Nepomuk hopste aus der Lava und schüttelte sich, dass die glühenden Tropfen nur so flogen. Dann rief er fröhlich: „Manuel! Komm mit mir in den Krater, da können wir zusammen planschen.“
Manuel lugte vorsichtig hinter dem Felsen hervor und schüttelte den Kopf. „Tut mir leid, das geht nicht“, flüsterte er. „Können wir nicht was anderes machen?“
„Pff“, fauchte Nepomuk ärgerlich. „Ich wusste ja gar nicht, dass ihr Menschen so empfindlich seid.“
„Ist aber so“, murmelte Manuel. „Wir haben auch jedes Mal Angst, wenn du heiße Asche zu uns ins Dorf herunterbläst.“
„Ach du meine Güte! Das mach ich doch nur so zum Spaß!“, lachte der kleine Drache. „Du solltest mich mal erleben, wenn ich richtig wütend bin. Dann

bring ich den Vulkan zum Überkochen. Soll ich?“ „Bloß nicht!“ Manuel zitterte beim Gedanken, Nepomuk könnte den Vulkan aus lauter Übermut ausbrechen lassen. „Dann würde unser ganzes Dorf zerstört, und ich hätte kein Zuhause mehr.“ „Ehrlich?“ Nepomuk zuckte die Schultern. „Na gut. Dann eben nicht. Ein kleines Erdbeben vielleicht?“ Manuel schüttelte entschieden den Kopf. „Auch nicht? Ja, was sollen wir denn dann machen?“

Manuel überlegte ein Weilchen, dann hatte er eine Idee. „Ganz in der Nähe hier ist eine schöne Quelle, aus der warmes Wasser sprudelt. Da können wir beide zusammen baden gehen. Aber dass du mir bloß kein Feuer mehr spuckst“

„Abgemacht!“, freute sich Nepomuk, und den Rest des Tages vergnügten sich die beiden im dampfenden Wasser. Als Manuel sich schließlich verabschiedete, versprach der kleine Feuerdrache Nepomuk seinem neuen Freund ganz fest, weder ihm noch seinem Dorf Schaden zuzufügen.

„Aber ab und zu darf ich doch wohl noch ein kleines bisschen aus den Nasenlöchern qualmen, oder?“, rief Nepomuk hinter Manuel her. „Nur damit du weißt, dass ich hier bin und auf dich warte.“

„Na klar“, tönte die Antwort aus der Ferne.

Zufrieden verschwand der kleine Feuerdrache in seinem Vulkan und blies zwei rosarote Wölkchen in den Sternenhimmel.

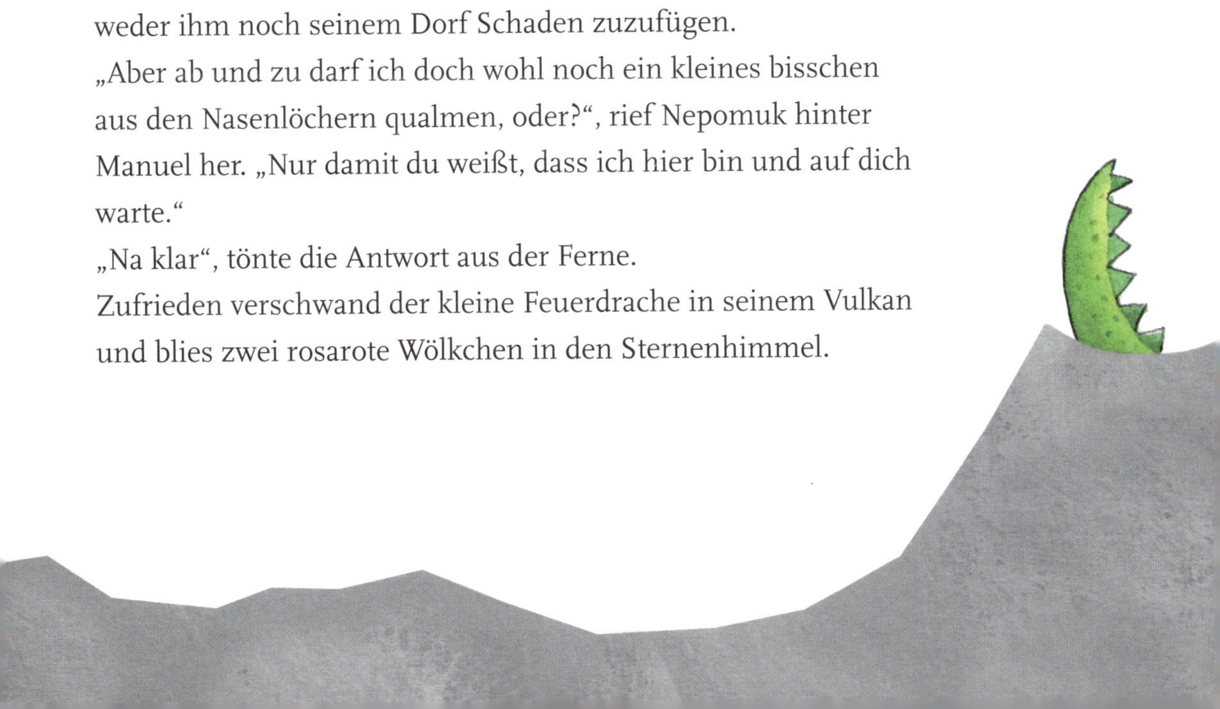

Hey, ich geb dir meine Hand

Musik: Dorle Ferber
Text: Susanne Steffe

24 41

„Müsst ihr denn immer streiten?" – das fragen sich manchmal Erzieherinnen oder Eltern und: Die Frage ist eindeutig mit Ja zu beantworten. Streiten gehört zur Persönlichkeitsentwicklung dazu. Aber richtig streiten will gelernt sein, denn ein Streit kann Bedürfnisse klären, aber auch tief verletzen. Aufgabe der Erwachsenen ist es, Kinder zu unterstützen bei der Suche nach Lösungen, nach Kompromissen, damit sich niemand nach einem Streit als „Verlierer" fühlt. Wenn sich am Ende eines Streits beide Parteien die Hände reichen können, als gleichwertige Partner, dann ist das ein wichtiger Schritt hin zu einer positiven Streitkultur.

Was andere verletzt, ist nicht harmlos. Wer schon einmal erlebt hat, dass die eigenen Gefühle missachtet wurden, kann das nachfühlen. Vielen Kindern ist das nicht unbekannt, und sie wissen, wie wichtig es ist, anderen mit Respekt und Rücksicht zu begegnen. Das folgende Spiel unterstützt die Bildung der Empathiefähigkeit.

Aufmunterspiel

Alter: ab 4 Jahren

Material: für jedes Kind 1 Zettel mit aufgemalten Gesichtern, die negative Gefühle zeigen: Angst, Sorge, Wut, Ärger usw.; Korb

So geht's: Die Zettel in den Korb geben. Nun darf ein Kind nach dem anderen sich einen Zettel aussuchen. Dann tut es so, als würde es sich so fühlen wie auf der Abbildung. Das „traurige“ Kind spielt zum Beispiel, dass es weint.
Die anderen haben nun die Aufgabe, diesem Kind zu helfen bzw. es aufzumuntern.

Zuerst sollen sie nach dem Grund fragen. „Warum weinst du?“
Wenn das traurige Kind geantwortet hat, können die anderen versuchen zu helfen, indem sie Lösungen oder Trostmöglichkeiten anbieten.

Vorlese-Buchtipp zum Thema Streit: **Die Perle** von Helme Heine

Die Wut-und Motzbox

Material: 1 Schachtel mit Deckel, Buntpapier, Schere, Klebstoff

So geht's: Die Schachtel mit Buntpapier bekleben und ein Loch in den Deckel schneiden.
Das wütende Kind darf dann dort seine Wut, seinen Zorn und seinen Ärger hineinschimpfen.
Anschließend wird die Schachtel in einer kleinen Zeremonie ausgeleert – entweder im Müll oder in die Toilette ...

Was tun, wenn der Zornteufel zu Besuch kommt und sich auch mit guten Worten nicht vertreiben lässt? Wenn Kinder mal ganz motzig und wütend aufeinander sind und nicht mehr wissen, wohin mit ihren Gefühlen, dann hilft manchmal eine Wut- und Motzbox.

Ich bin anders als du – piepegal!

Musik: Dorle Ferber
Text: Susanne Steffe

Der eine hat blonde Haare, die andere rote. Die eine hat braune Augen, der andere blaue. Genau betrachtet sind wir alle unterschiedlich. Zum Glück! Sonst wäre die Welt ja ziemlich langweilig. Und das Tolle ist: In einer Freundschaft sind Unterschiede piepegal.

Mein Schnippidu

Alter: ab 5 Jahren

Dies ist ein hübsches Spiel für die Gruppe, das nicht nur Aufmerksamkeit und Beobachtungsgabe fördert, sondern die Kinder auch auf Unterschiede und Gemeinsamkeiten zwischen ihnen hinweist.

So geht's: Ein Kind fängt an und denkt an eines der anderen anwesenden Kinder, das im Spiel „Schnippidu" genannt wird.
Dann schnippst das erste Kind mit den Fingern und beschreibt sein „Schnippidu", z. B: *„Mein Schnippidu hat ganz, ganz lange Spaghettihaare"* oder *„Mein Schnippidu trägt am liebsten Rosa"* oder *„Mein Schnippidu mag keine Schokolade"*.
Die anderen Kinder müssen raten, wer gemeint ist. Danach darf das nächste Kind sein „Schnippidu" beschreiben.

Salem Aleikum – Friede sei mit dir

Musik: Tobias Escher
Text: Hartmut E. Höfele

28 43

Unser Friedenslied lädt dazu ein, mit Kindern über Freundschaft und Frieden zu sprechen. Salem Aleikum bedeutet schließlich: „Friede sei mit dir“ und ist der übliche Gruß in der islamischen Welt.
Besonders Kindern, die z. B. über grausame Bilder in TV-Nachrichten oder Streitereien in der Familie oder mit Freunden verunsichert sind, möchte dieses Mitmachlied Mut machen und helfen, Ängste zu verarbeiten.
Die Botschaft, die vermittelt wird, ist klar: Wir alle wollen Freundschaft und Frieden. Und das gilt nicht nur in der großen weiten Welt, sondern sollte auch in jeder Gruppe immer wieder thematisiert werden.

Tamburin-Schreittanz

Mit diesem „Tanz“ lässt sich das Lied mit seiner schönen Botschaft zur Aufführung bringen. Falls keine Tamburine zur Verfügung stehen, können die Kinder auch in die Hände klatschen.

Alter: ab 3 Jahren

Material: Tamburine

So geht’s: Zum gemäßigten Tempo des Liedes schreiten die Kinder bedächtig im Rhythmus.
Das Lied ist im 4/4 Takt angelegt. Zählen Sie 1-2-3-4. Das Tamburin wird jeweils auf der „1“ geschlagen.

Friedenstaube

Mit einer selbst gebastelten Friedenstaube, die die Kinder in der Hand schwenken, während sie singen, lässt sich die Botschaft des Liedes zusätzlich optisch unterstützen.

Alter: ab 4 Jahren

Material: 2 große weiße Pappteller mit geriffeltem Rand, Schere, Klebstoff, Wackelauge, gelber Filzstift, Eisstäbchen oder andere flache Holzstäbchen

So geht's: Den einen Pappteller in der Mitte durchschneiden. Das ist der Körper. Die andere Hälfte wieder in der Mitte durchschneiden. Das ergibt 2 Flügel (2 Viertel Teller).
Aus einem anderen Teller einen runden Kopf ausschneiden.
Den „Körper" mit der geraden Seite nach oben hinlegen.
Über das eine Eck den „Kopf" ankleben.
Ein kleines Dreieck als Schnabel ausschneiden, gelb anmalen und an den Kopf ankleben. Ein Wackelauge ankleben.
Die Flügel auf beiden Seiten am Körper ankleben.
Das Holzstäbchen mit Klebeband auf der Seite befestigen, auf der kein Auge klebt.

Wir wollen jetzt nach Hause geh'n

Musik: Hartmut E. Höfele / Klaus Geisinger
Text: Hartmut E. Höfele

30 44

In vielen Einrichtungen ist es üblich, sich auch am Ende des Tages noch einmal im Kreis zu versammeln. Die Kinder haben viel erlebt und es ist an der Zeit, den Tag gemeinsam ausklingen zu lassen.
Mit diesem Lied kann jedes einzelne Kind namentlich von der Gruppe angesungen und verabschiedet werden, z. B: die Hanne will nach Hause geh'n ..., der Tobi will nach Hause geh'n.

Der heutige Tag

In einem Erzählkreis lassen alle zusammen den Tag noch mal Revue passieren.

So geht's: Die Spielleitung erzählt, was an Aktivitäten während des Tages anstand. Danach fragt sie die Kinder, wer von seinen Erlebnissen berichten möchte. Was gab es Neues, Überraschendes? Wer mag erzählen, was er beobachtet, gemacht oder geschafft hat?

Bei ganz jungen Kindern erzählt die Spielleitung selbst, was für das jeweilige Kind ihrer Meinung nach herausragend war.

Tipp:
Im Erzählkreis eine Handpuppe zum Einsatz bringen.

Die Mitwirkenden der CD

KinderMusikTheater Firlefanz • Unsere LIVE-Programme und unsere CD-Produktionen begeistern die ganze Familie: Auf Kulturveranstaltungen, Festivals, in Schulen, bei Stadtfesten, und in Kitas … Überall wo ein anspruchsvolles Kindermusikprogramm gewünscht wird. www.firlefanz-kinderlieder.de

Hartmut E. Höfele • Musikproduzent, Sound-Collagist, Liedermacher und Kinderbuchautor. Er gründete das Kindermusiktheater Firlefanz, erdenkt, erfühlt und produziert regelmäßig Musik, Hörspiele und Bücher für Kleinste und Größere.
www. hoefele-hartmut.blogspot.de

Dorle Ferber • Sängerin, Geigerin, Komponistin, Chorleiterin, Autorin, Pädagogin. Sie lebt am Bodensee, schreibt & musiziert gerne für Kleine und Große. Arbeitet seit Jahren mit Hartmut E. Höfele zusammen. www.dorle-ferber.de

Tobias Escher • 2000–2006 Studium der Musikpädagogik am Hohner-Konservatorium-Trossingen. Akkordeonvirtuose. Theatermusiker. Begleitet Hartmut Höfele live bei Kindermusik Veranstaltungen. www.tobias-escher.de

Susanne Steffe • Ihre lebendigen Liedtexte sind ebenso wie ihre fantasievollen Geschichten immer nah am Erleben und Fühlen von Kindern. Mit leichter Feder beschreibt sie kreative Umsetzungsformen – aus der Praxis für die Praxis.
www.susannesteffe.blogspot.de

Günter Geisinger • Sozialpädagoge, Gründungsmitglied des KinderMusikTheaters Firlefanz, www.midnight-tokers.de www.shantychor.de

Leona Unrath, Valentin Zintel, Nele & Jonn Swoboda u. a. • Nicht zu vergessen unsere jungen Stimmen im Ensemble.

Produktion September–November 2015
Hartmut E. Höfele
DADA-ODEN STUDIO / Odenwald